Inhalt

Viele Häuptlinge, keine Indianer - die Bundeswehr hat ein massives Führungsproblem

Kernthesen

Beitrag

Fallbeispiele

Weiterführende Literatur

Impressum

Viele Häuptlinge, keine Indianer - die Bundeswehr hat ein massives Führungsproblem

R.Reuter

Kernthesen

- Der Bericht der Weise-Kommission hat der Bundeswehr ein verheerendes Zeugnis ausgestellt.
- Die Mängel sind so vielzählig, dass eine umfassende Reform nun unausweichlich ist.
- Das Hauptproblem ist die desolate Führungsstruktur. Helfen soll unter vielem anderen die Aufwertung des

Generalinspekteurs zum Chef des Generalstabes.

Beitrag

Bedingt einsatzbereit

Stramme Führung und gute Organisation sollen eigentlich die Stärken militärischer Einheiten sein. Im Fall der Bundeswehr ist dies augenscheinlich nicht so. Selten zuvor ist eine Einrichtung der Bundesrepublik so kritisiert worden wie ihre Armee. In dem kürzlich vorgestellten Bericht der Strukturkommission wurde praktisch kein Bereich ausgespart. Die Bundeswehr ist demnach zu bürokratisch, ineffizient, teuer, zu groß und nicht zuletzt für ihren Auftrag nicht richtig gewappnet. Dies lasse sich insbesondere daran erkennen, dass die 250 000 Mann starke Truppe schon an ihre Grenzen kommt, wenn sie nur 7 000 Soldaten für Auslandseinsätze zur Verfügung stellen soll. Die vom Chef der Bundesagentur für Arbeit, Frank-Jürgen Weise, geleitete Kommission kommt denn auch zu einer klaren Empfehlung: Die Bundeswehr muss radikal reformiert werden. Verteidigungsminister Karl-Theodor zu Guttenberg hat angekündigt, dass der Umbau in den nächsten fünf bis acht Jahren über die Bühne gehen soll. (1), (2)

Das Ende der Wehrpflicht

Wichtige Reformmaßnahmen werden die Reduzierung der Truppenstärke und der Wegfall der Wehrpflicht sein. Nur noch rund 165 000 bis 180 000 Soldaten soll die Bundeswehr nach dem Umbau stark sein. Diese Zahl orientiert sich an den Truppenstärken der Nato-Partner und an der Stärke künftiger Kontingente für Auslandseinsätze. Es soll ermöglicht werden, dass die Bundeswehr 15 000 Mann durchhaltefähig über die Grenzen entsenden kann, was bisher noch nicht der Fall ist. Den Wegfall der Wehrpflicht hat die Kommission damit begründet, dass sie durch den von neun auf sechs Monate verkürzten Grundwehrdienst jede Grundlage verloren habe. So wird die Bundeswehr nun langsam zur Berufsarmee umgebaut und muss sich ihre Soldaten dann auf dem freien Arbeitsmarkt suchen. (1), (5)

Herbe Kritik an der Führung

Deutlich kritisierte die Strukturkommission die bisherige Führung der Truppe durch das Verteidigungsministerium. Dieses sei "eine systematisch überstrapazierte Gesamtorganisation, bei der Zuständigkeiten und Verantwortlichkeiten zwangsläufig unklar bleiben". So sei die Zahl der Hierarchieebenen viel zu groß und müsse reduziert werden. Darum sollen von den derzeit 3 300 Dienstposten nur noch 1 500 übrig bleiben. Kommissionsleiter Weise kritisierte die Arbeit des Ministeriums in bisher nicht gekannter Offenheit. Er warf den Führungskräften in einer Pressekonferenz vor, dass sie ihrer Verantwortung bei der Abstellung von Mängeln in der Vergangenheit nicht gerecht geworden seien. Das Ministerium sei über die Jahre hinweg immer ineffizienter geworden. Bundeswehr-Generäle stellten fest, dass die Truppe ein gravierendes Managementproblem habe. (1), (2), (3)

Führungsprobleme gefährden Soldaten

Die Kritik am Verteidigungsministerium geht über die Offenlegung organisatorischer Ineffizienz weit hinaus. Viel mehr führen Kompetenzgerangel und unklare Verantwortlichkeiten dazu, dass deutsche Soldaten im Ausland häufig schlecht gerüstet sind. Die heutige Struktur der Bundeswehrführung muss sich darum attestieren lassen, die Gefährdungslage ihrer Soldaten durch Inkompetenz ohne Not zu erhöhen. Stabsoffiziere monieren dazu passend, dass es im

Verteidigungsbereich zu viele Häuptlinge und kaum noch Indianer gebe.

Die Zahlen geben ihnen recht: 1992 dienten fast 470 000 Soldaten. Geführt wurden sie von 193 Generälen bei der Bundeswehr. Im Verteidigungsministerium saßen noch einmal 44 Generäle. Heute hat die Bundeswehr eine Mannstärke von nur noch 250 000 Soldaten, der bürokratische Wasserkopf aber blieb fast unverändert. Nur 29 Spitzenpositionen wurden eingespart, das sind gerade einmal 15 Prozent. Im Ministerium selbst sieht das Verhältnis noch schlechter aus. Dort sank die Zahl der Generäle um einen auf jetzt 43. Handlungsbedarf sehen die Stabsoffiziere auch bei der Beschaffung. Häufig dauere es über zehn Jahre, bis dringend benötigte Ausrüstung fertig entwickelt sei und dann viel zu spät bei der Truppe eintreffe. (4)

Neue Befehlsstruktur - der Generalinspekteur wird Oberkommandierender

Auch bei den Kommandos der Teilstreitkräfte hat es bisher an klarer Ordnung gefehlt. Es ist daher vorgesehen, den Generalinspekteur zu einem Oberkommandierenden der Streitkräfte (Chief of Defence) aufzuwerten. Bisher hatte der ranghöchste

Soldat der Bundesrepublik Deutschland keine Befehlsgewalt ausgeübt. Dies wurde bei der Gründung der Bundeswehr 1955 so eingerichtet, um sich von der Führungsstruktur deutscher Armeen bis 1945 abzusetzen. Zudem sollte die neue Kommandostruktur sicherstellen, dass ein Einsatz der Streitkräfte unter deutscher Führung gar nicht möglich war. Als Chief of Defence würde der Generalinspekteur wieder zu einem Generalstabsschef, wie er in fast allen Armeen weltweit üblich ist. Seine Position wäre direkt unter dem Verteidigungsminister, jedoch über den Befehlshabern der Teilstreitkräfte angesiedelt. Bundeswehrinsider sehen eine solche Führung herbei, da sie bei der Kommandogewalt für die lange entbehrte Straffheit und Klarheit sorgen würde. (5)

Problem Hardthöhe

Ein weiteres Problem der Bundeswehr ist ihre auf zwei Dienstsitze verteilte Spitzenorganisation. Die Bonn-Lobby hatte es durchgesetzt, dass die Bonner Hardthöhe der Hauptsitz des Verteidigungsministeriums bleibt und der Berliner Bendlerblock nur eine Dependance darstellt. Über 3 000 Beamte arbeiten in der Hardthöhe, weitere 750 sind es in Berlin. Bereits vor zehn Jahren hatte die Weizsäcker-Kommission empfohlen, das Ministerium auf Berlin zu konzentrieren. Verteidigungsminister zu Guttenberg sind freilich auch heute noch für einen Umzug des Ministeriums nach Berlin die Hände gebunden, denn das Bonn-Berlin-Gesetz gilt. Er will aber prüfen, welche Möglichkeiten das Gesetz für eine effizientere Aufteilung der Spitzenorganisation zulässt. Zudem mehren sich Stimmen auch aus der Politik, die die Zusammenlegung am Standort Berlin einfordern. (6)

Trends

Bedarfsgerechte IT-Ausstattung soll endlich kommen

Das Fehlen zentraler Kompetenzen hat dazu geführt, dass die Bundeswehr auch heute noch über keine funktionierende IT-Ausstattung verfügt. Infolge kostenintensiver Parallelentwicklungen sind einzelne Systeme nicht miteinander vernetzt und zuweilen noch nicht einmal miteinander kompatibel. Insbesondere rangeln das IT-Amt und das Bundesamt für Wehrtechnik und Beschaffung um Zuständigkeit bei der Einführung von Kommunikationselektronik. Die Weise-Kommission hat nun empfohlen, die laufenden IT-Großprojekte sofort zu überprüfen und ein professionelles Projektmanagement zu installieren. Überdies soll ein übergeordneter IT-Direktor (CIO) installiert werden, der die Zuständigkeiten in seinen Händen bündelt. (1), (2)

Fallbeispiele

Streit um den MAD

In der Bundesregierung werden Stimmen laut, die eine Auflösung des Bundeswehr-Geheimdienstes MAD fordern. Der Militärische Abschirmdienst beschäftigt 1 300 Mitarbeiter und kostet 70 Millionen Euro im Jahr. Die Aufgaben des MAD, nämlich die Aufklärung interner Sicherheitsvorkommnisse und verfassungsfeindlicher Aktivitäten in der Truppe, sollten dann die beiden anderen Geheimdienste der Bundesrepublik übernehmen, der Verfassungsschutz und der BND. Befürworter der Abschaffung verweisen darauf, dass der 1956 vor allem zur Abwehr von Spionage aus dem Ostblock gegründete Militärgeheimdienst ohnehin immer mehr Kompetenzen an den BND verloren habe. Wie es in der Sache weitergeht, wird ein Bericht entscheiden, den das Verteidigungsministerium im Frühjahr vorlegen will. (7)

Weiterführende Literatur

(1) Guttenberg: Bundeswehrreform binnen acht Jahren
aus Frankfurter Allgemeine Zeitung, 27.10.2010, Nr. 250, S. 2

(2) Guttenbergs Bewährungsprobe
aus Frankfurter Allgemeine Zeitung, 01.11.2010, Nr. 254, S. 1

(3) "Schwere Mängel im Verteidigungsministerium"
aus Süddeutsche Zeitung, 27.10.2010, Ausgabe München, Bayern, Deutschland, S. 6

(4) Offiziere wollen schlanke Führung Heutige Struktur der Bundeswehr birgt Gefahren für Soldaten im Einsatz
aus Hamburger Abendblatt, 10.09.2010, Nr. 211, S. 5

(5) Freiwillige vor // Die Bundeswehr soll deutlich kleiner und die Wehrpflicht ausgesetzt werden. Wie stellt sich Verteidigungsminister Karl-Theodor zu Guttenberg die Zukunft der Streitkräfte vor?
aus Der Tagesspiegel Nr. 20706 VOM 14.08.2010 SEITE 002

(6) Teurer Luxus: Viele Ministerien arbeiten sowohl in Berlin als auch in Bonn - was 23 Millionen Euro pro Jahr kostet
aus LVZ/Leipziger-Volkszeitung, 06.11.2010, S. 3

(7) Geheim, geschrumpft, geschlossen Der Militärische Abschirmdienst hat stetig Kompetenzen verloren. Die FDP will ihn nun auflösen
aus Financial Times Deutschland vom 24.11.2010, Seite 10

Impressum

Viele Häuptlinge, keine Indianer - die Bundeswehr hat ein massives Führungsproblem

Bibliografische Information der deutschen Nationalbibliothek

Die Deutsche Nationalbibliothek verzeichnet diese Publikation in der deutschen Nationalbibliografie; detaillierte bibliografische Daten sind im Internet über http://dnb.d-nb.de abrufbar.

ISBN: 978-3-7379-0239-7

© 2015 GBI-Genios Deutsche Wirtschaftsdatenbank GmbH, Freischützstraße 96, 81927 München, www.genios.de

Alle Rechte vorbehalten. Dieses Werk ist einschließlich aller seiner Teile – z.B. Texte, Tabellen und Grafiken - urheberrechtlich geschützt. Jede Verwertung außerhalb der Grenzen des Urheberrechtsgesetzes bedarf der vorherigen Zustimmung des Verlags. Dies gilt insbesondere auch für auszugsweise Nachdrucke, fotomechanische

Vervielfältigungen (Fotokopie/Mikroskopie), Übersetzungen, Auswertungen durch Datenbanken oder ähnliche Einrichtungen und die Einspeicherung und Verarbeitung in elektronischen Systemen.